# Histoire d'ours

® Dieses Werk folgt der seit dem 1. August 1998 gültigen Rechtschreibreform. Ausnahmen bilden Texte, bei denen künstlerische, philologische oder lizenzrechtliche Gründe einer Änderung entgegenstehen.



€ 5. 4. 3. | Die letzten Ziffern bezeichnen
2007 06 05 04 03 | Zahl und Jahr des Druckes.
Alle Drucke dieser Auflage können, da unverändert, nebeneinander benutzt werden.
1. Auflage

Lektorat: Micheline Funke, München
Umschlaggestaltung: Astrid Hansen, München
Zeichnungen: Hans van Arkel, Badefols d'Ans, Frankreich
Layout und Herstellung: Astrid Hansen, München
Druck und Bindung: Laub GmbH + Co, Elztal-Dallau
Printed in Germany
ISBN 3-19-003274-2

# Histoire d'ours

*Annick Lerognon*

Max Hueber Verlag

**Annick Lerognon** studierte Romanistik und Anglistik in Frankreich und München. Danach unterrichtete sie in der Kollegstufe an privaten Gymnasien. Seit 1978 ist sie in der Erwachsenenbildung tätig (VHS/Industrie). Sie führt seit 1984 Lehrerfortbildungen an der VHS München und im Bayerischen Volkshochschulverband durch. Aufgrund ihrer Ausbildung zur Suggestopädin (1986-88) leitet sie auch Sprachkurse nach dieser Methode. 1992 gründete sie F.L.E.U.R., ein Zentrum für Sprache und Begegnung in Périgord (Südfrankreich). Sie ist Autorin von Sprachlehrmaterialien.

# Dans le train de Paris

Il était une fois[1] un papa ours, une maman ours et un petit ours qui voulaient[2] faire un beau voyage à Paris.

Aujourd'hui, le grand jour est arrivé. C'est une belle journée de mai. Il fait chaud. Le soleil brille. La famille ours est maintenant installée dans le train[3]. Papa Ours lit le journal. Maman Ours regarde un magazine de mode et Petit Ours joue avec une petite voiture verte en plastique. Une jeune dame ouvre la porte du compartiment, montre la place près de la fenêtre et demande:

---

1 **Il était une fois**: Es war einmal. 2 **voulaient**: wollten.
3 **train** ***m***: Zug.

– C'est libre ici ?

– Oui, dit Maman Ours.

La jeune femme a une grande, grande valise[1] en cuir marron.

Papa Ours demande :

– Je peux vous aider[2] ?

– Volontiers.

Oh là là ! Pauvre Papa Ours ! La valise est vraiment très lourde[3] !

– Merci, Monsieur. C'est très gentil.

– De rien, Mademoiselle.

La jeune femme s'installe. Petit Ours regarde la dame : elle est jolie, avec ses cheveux blonds et son pullover rouge. Hum ! Quel parfum ! Il reste debout devant la dame. Il la regarde, fasciné. Elle sourit[4] et demande :

Tu aimes les bonbons ?

– Oui.

---

[1] **valise** ***f*****:** Koffer.

[2] **Je peux vous aider ? :** Kann ich Ihnen behilflich sein?

[3] **lourde :** schwer.

[4] **sourit :** lächelt.

Elle prend dans son sac un gros bonbon jaune :

– Tiens !

Petit Ours prend le bonbon et demande:

– Tu vas à Paris ?

– Oui.

– Tu vas voir la Tour Eiffel[1] ?

– Euh... non, j'habite à[2] Paris.

– Alors, tu vois la Tour Eiffel de ta maison ?

– Ben, non malheureusement[3]...

– Tu ne connais pas la Tour Eiffel ?

– Si, bien sûr.

– Elle est grande ?

– Très grande.

– Elle est plus grande que mon papa ?

– Bien plus grande !

– Grande comme ça *(Il fait un geste)*?

– Encore plus grande.

---

1 **la Tour Eiffel** : der Eiffelturm.
2 **j'habite à** : ich wohne in.
3 **malheureusement** : leider

– Alors, grande comme une girafe ?

– Non. Encore plus grande.

La jeune femme rit. Petit Ours la regarde. Elle est jolie et elle rit. Il rit aussi, heureux.

Et il mange son bonbon. Hum ! Il est bon !

La dame demande :

– Comment tu t'appelles ?

– Petit Ours.

– Quel joli nom ! Moi, je m'appelle Karin.

– Comme le chien de Monsieur Bonvin.

– Monsieur Bonvin, qui c'est ?

– C'est le monsieur avec le gros nez[1] violet.

A ce moment-là, Maman Ours intervient[2] :

– Le chien de Monsieur Bonvin ne s'appelle pas Karin, mon chéri, il s'appelle Karim.

Excusez-moi, Mademoiselle...

– Mais il n'y a pas de mal[3] !

---

[1] **le gros nez** : die dicke Nase.
[2] **intervient** : greift ein.
[3] **il n'y a pas de mal** : nichts passiert.

# Elle adore Paris

Un peu plus tard... Petit Ours dit :

– Maman, elle sent bon[1], la dame.

– Petit Ours ! ... Mais, c'est vrai, Mademoiselle, votre parfum est super ! Qu'est-ce que c'est ?

– Nuit de Paris de Gyvenlain.

– J'aime beaucoup... Vous êtes de Paris ?

– Non. J'habite à Paris, mais je ne suis pas de Paris. Je suis allemande.

– Vraiment ? Vous parlez très bien français.

– Bon, ça va. Je me débrouille[2]. Et puis j'aime parler français.

– Et vous êtes d'où en Allemagne ?

– De Munich. Vous connaissez ?

– Non. C'est joli ?

---

[1] **elle sent bon :** sie riecht gut.

[2] **je me débrouille :** ich komme klar.

– Oui, j'aime beaucoup.

A ce moment-là Papa Ours intervient :

– Munich ? Pour moi, c'est une bonne bière[1] !

– Vous aimez la bière de Munich ?

– Hum, et comment ! *(Il fait un geste)*

Pendant ce temps Petit Ours regarde par la fenêtre. Il compte[2] :

– Un, deux, trois, quatre, cinq, six, sept, huit, neuf, dix, quinze, douze, dix-huit, onze, vingt... Maman ! Regarde ! Vingt Tours Eiffels.

– Ce ne sont pas des Tours Eiffels, ce sont les pylones des transformateurs électriques[3], dit Papa Ours.

– Qu'est-ce que c'est ?

Pendant que Papa Ours explique à Petit Ours, Maman Ours et Karin continuent à parler. Karin demande :

– Et vous, vous venez d'où ?

– Nous habitons à Oursoirac.

---

[1] **bière** ***f***: Bier. [2] **compte** : zählt. [3] **pylone** ***m*** **de transformateur électrique** : Strommast.

– C'est où ?

– C'est un village près de Oursville.

– C'est grand ?

– Non, c'est tout petit : Il y a une église[1], une école, une boulangerie[2], une épicerie[3], une boucherie[4], deux ou trois cafés, c'est tout.

– Vous connaissez Paris ?

– Seulement un peu... Mais j'adore Paris. J'aime les grandes avenues, les beaux magasins. J'aime regarder les vitrines[5], flâner[6] dans les rues, prendre un verre[7] à la terrasse d'un café et regarder passer les gens. J'aime aller au cinéma, au théâtre, au musée... A Oursoirac, ce n'est pas possible...

A ce moment-là, Papa Ours dit :

– Regardez, nous arrivons.

Karin prend une carte de visite dans son sac et dit :

---

[1] **église** *f*: Kirche. [2] **boulangerie** *f*: Bäckerei. [3] **épicerie** *f*: Lebensmittelgeschäft. [4] **boucherie** *f*: Metzgerei. [5] **vitrine** *f*: Schaufenster. [6] **flâner**: bummeln. [7] **prendre un verre**: etwas trinken gehen.

– Tenez, voilà le numéro du bureau où je travaille. Vous demandez Karin Dietrich. Bon alors. Au revoir. Salut Petit Ours. Et tu me téléphones, hein ? A bientôt ! Bonnes vacances à Paris.

Tous les trois répondent:

– Au revoir Mademoiselle !

Petit Ours est triste : la dame est partie.

Papa Ours, Maman Ours et Petit Ours descendent du train. Quel spectacle[1] ! Quel bruit[2] ! Petit Ours est heureux : il est à Paris. Papa Ours, Maman Ours et Petit Ours vont vers la sortie. Papa Ours avec sa grande valise. Maman Ours avec sa valise moyenne et Petit Ours avec sa toute petite valise.

---

[1] **spectacle** ***m*****:** Schauspiel.
[2] **bruit** ***m*****:** Lärm.

# Au café

Papa Ours, Maman Ours et Petit Ours sont dans le hall de la gare[1]. Petit Ours montre son ventre[2] et dit :

– Maman, j'ai faim[3].

– Qu'est-ce que tu veux ?

– Je ne sais pas.

Maman Ours à Papa Ours :

– Qu'est-ce qu'on fait ? On prend quelque chose ?

– Oui, si tu veux. On va où ? ... dans ce café ?

Ils entrent et s'installent à une table ronde. Hum[4] ! Il y a une bonne odeur de café dans la salle.

---

[1] **gare** ***f***: Bahnhof. [2] **ventre** ***m***: Bauch.
[3] **j'ai faim**: ich bin hungrig. [4] **hum!**: Hm!

A d'autres tables, il y a d'autres voyageurs : ils arrivent ou ils partent. Ils ont des sacs, des valises. Ils parlent, ils lisent le journal, ils regardent les gens entrer et sortir.

Papa Ours dit :

– Moi, je prends une bière, et toi ?

– Un grand crème[1]. Et toi, Petit Ours, qu'est-ce que tu veux ?

– Un chocolat[2].

– Et qu'est-ce que tu veux manger ?

– Qu'est-ce qu'il y a[3] ?

Papa Ours appelle le garçon :

– Monsieur, s'il vous plaît !

– Voilà ! Tout de suite...

Petit Ours regarde fasciné le garçon. Au-dessus de sa tête, il fait tourner un énorme plateau[4] où il y a des verres, des carafes, des bouteilles, des tasses, des croissants, du sucre...

---

[1] **un grand crème** : eine große Tasse Milchkaffee.
[2] **un chocolat** : eine heiße Schokolade.
[3] **Qu'est-ce qu'il y a ?** : Was gibt es?
[4] **plateau *m*** : Tablett.

Le garçon change le cendrier[1] et demande :

– Vous désirez ?

Papa Ours commande :

– Un demi-pression[2], un grand crème et un chocolat.

– Chaud ou froid le chocolat ?

Maman Ours dit :

– Chaud... Qu'est-ce que vous avez à manger ?

---

1 **cendrier** *m* : Aschenbecher.
2 **un demi-pression** : ein kleines Bier von Faß.

– Nous avons des sandwichs: jambon beurre, saucisson beurre, pâté, rillettes[1] et fromage et des croque-monsieur[2].

Croque-monsieur ! Quel mot bizarre. Petit Ours tire sur la robe se sa maman et demande:

– Maman, qu'est-ce que c'est un croque-monsieur ?

– C'est du pain de mie[3] chaud avec du jambon et du fromage. Tu en veux un ?

– Non, dit Petit Ours un peu déçu[4].

Maman Ours demande au garçon.

– Vous avez aussi des croissants ?

– Mais bien sûr Madame ! ... Alors, qu'est-ce que vous prenez ?

Papa Ours prend un sandwich aux rillettes, Maman Ours et Petit Ours prennent des croissants.

Peu après le garçon pose sur la table une petite corbeille pleine de croissants dorés.

Körbchen golden

---

1 **rillettes** *f, pl*: Art Pastete aus Schweinefleisch.
2 **croquer**: knabbern. 3 **pain** *m* **de mie**: Toastbrot.
4 **déçu**: enttäuscht.

Petit Ours prend un croissant et l'appuie[1] contre sa joue[2]. Il est tout doux et encore un peu chaud. Petit Ours l'appuie contre son nez:

– Hum, il sent bon!

Le chocolat sent bon aussi! Petit Ours met son nez dans sa tasse pour mieux sentir. Papa Ours se fâche[3] un peu:

– Petit Ours!

Mais aujourd'hui il fait beau, c'est le premier jour des vacances et toute la famille est de bonne humeur. Papa Ours parle et Maman Ours rit et Petit Ours continue à regarder le garçon acrobate.

Enfin Papa Ours appelle le garçon pour payer:

– Monsieur, s'il vous plait !

– J'arrive tout de suit !

– Ça fait combien?

---

[1] **appuie (appuyer)** : drückt ... gegen.
[2] **joue** *f*: Wange.
[3] **se fâche (se fâcher)** : ärgert sich.

– Alors... un demi, un grand crème, un chocolat, un sandwich aux rillettes et... combien de croissants?

– Quatre !

– Alors ça fait deux fois deux : quatre, quatre plus quatre : huit, huit plus cinq... treize... plus... quatre croissants.

Petit Ours écoute le garçon jongler[1] avec les nombres. Oh là là ! Il compte vite ! Quel acrobate !

Papa Ours laisse un pourboire[2] sur la table et ils quittent[3] le café.

---

[1] **jongler** : jonglieren. [2] **pourboire** ***m*** : Trinkgeld.
[3] **quittent (quitter)** : verlassen.

# A l'hôtel

Papa Ours, Maman Ours et Petit Ours font maintenant la queue[1] devant la station de taxis. Papa Ours avec sa grande valise, Maman Ours avec sa valise moyenne et Petit Ours avec sa toute petite valise.

C'est enfin leur tour[2]. Ils s'installent tous les trois derrière. Le chauffeur met les valises dans le coffre, monte[3] dans le taxi et demande :

– Vous allez où ?

– A Oursotel, 83, rue Hauteville, dit Papa Ours.

Paris ! Devant eux. Derrière eux. Autour d'eux. Petit Ours appuie son nez contre la vitre. Quel spectacle ! Les grandes avenues,

---

[1] **font (faire) la queue :** stehen Schlange. [2] **C'est leur tour :** Sie sind dran. [3] **monte (monter) :** steigt ein.

les grandes maisons, les beaux magasins, les gens sur les trottoirs, aux terrasses des cafés. Et quelle circulation[1] ! Ils sont maintenant devant l'Opéra. Quelques minutes après ils arrivent à l'hôtel.

Papa Ours demande au chauffeur:

– Ça fait combien?

– 9 euros plus trois bagages, ça fait 12 euros.

Papa Ours lui donne 14 euros. Ils descendent du taxi. Ils entrent dans l'hôtel.

Un monsieur très parfumé avec un grand nez et de grandes oreilles[2] est à la réception.

– Nous avons réservé une chambre pour trois personnes, dit Papa Ours.

L'employé demande :

– Oui... C'est à quel nom ?

– Oursicaud.

– Vous pouvez épeler[3], s'il vous plaît ?

– O-U-R-S-I-C-A-U-D.

---

[1] **circulation** ***f***: Verkehr. [2] **oreille** ***f***: Ohr.
[3] **épeler** : buchstabieren.

– C'est une chambre à trois lits avec salle de bains ?

– Oui, c'est ça.

– Alors, c'est la chambre 45 au quatrième étage. Vous avez une carte d'identité[1] ?

– Voilà !

[1] **carte *f* d'identité :** Ausweis.

ausfüllen

– Merci. Vous remplissez cette fiche[1] et vous signez ici, s.v.p. Vous voulez prendre le petit-déjeuner à l'hôtel ?

– Maman Ours demande:

– Il est compris dans le prix[2] ?

– Non Madame. C'est 5 euros par personne. Nous avons du café au lait, du thé ou du chocolat avec du pain, du beurre, de la confiture, du miel et des croissants. Ça vous va ?

– Oui, c'est parfait. A quelle heures est le petit déjeuner ?

– Entre 7 heures et 10 heures à la salle à manger.

– C'est où ?

– Là, au fond du couloir[3]...

– Le soir, à quelle heure ferme l'hôtel ?

– A minuit Madame. Mais il y a une sonnette[4]. ... Vous avez des bagages ?

– Oui, trois valises.

---

1 **fiche** *f*: Anmeldeformular. 2 **compris dans le prix**: im Preis inbegriffen. 3 **au fond du couloir**: hinten im Gang. 4 **sonnette** *f*: Klingel.

– Bon, alors je vais vous aider, aujourd'hui l'ascenseur[1] ne marche pas[2].

L'employé prend la valise moyenne et la toute petite valise de Petit Ours et monte au quatrième suivi de Papa Ours avec sa grande valise, Maman Ours et Petit Ours.

La chambre 45 est agréable[3], propre et claire. Elle est tranquille[4] et donne sur la cour. Par la fenêtre on voit les toits[5] de Paris avec leurs antennes de télévision et leurs drôles de cheminées[6].

---

[1] **ascenseur** ***m***: Lift. [2] **ne marche pas**: funktioniert nicht. [3] **agréable**: freundlich. [4] **tranquille**: ruhig. [5] **toit** ***m***: Dach. [6] **cheminée** ***f***: Schornstein.

# Où est la station de métro?

Papa Ours, Maman Ours et Petit Ours ont défait leur valise[1] : Papa Ours, sa grande valise, Maman Ours, sa valise moyenne et Petit Ours, sa toute petite valise.

Maintenant, frais et reposés[2], ils sortent pour leur première promenade dans Paris.

A la réception est assise une dame rose et rondelette[3] avec des yeux[4] très gentils. Papa Ours lui demande :

– Il y a une station de métro près d'ici ?

– Mais bien sûr, Monsieur. Vous avez la station Château d'Eau à cinq minutes.

– Et comment on y va ?

– Tenez ! Regardez ici sur le plan... Vous

---

[1] **défaire sa valise :** auspacken. [2] **frais et reposés :** frisch und erholt. [3] **rondelette :** mollig.
[4] **yeux** ***m, pl :*** Augen, *hier* Blick.

traversez la rue de Hauteville et vous prenez la rue des Petites Ecuries. Vous continuez tout droit[1] jusqu'au boulevard de Strasbourg. Vous avez la station de métro sur la gauche. Vous voyez ? Ici ! Juste en face de[2] la boulangerie... Hum ! Ils ont des petits pains au chocolat délicieux ! La dame rêve[3] et n'entend plus Papa Ours qui la remercie. Un peu plus tard dans la boulangerie:

– Bonjour Messieurs dames !

– Bonjour Madame !

– Vous desirez ?

– Pour moi, un petit pain au chocolat, dit Maman Ours. Petit Ours, qu'est-ce que tu veux?

– Un comme ça et un comme ça, là.

– Alors un pain aux raisins et un chou à la créme[4]?

– C'est ça, dit Maman Ours.

– Et pour Monsieur ?

---

[1] **tout droit** : geradeaus. [2] **en face de** : gegenüber.
[3] **rêve (rêver)** : träumt. [4] **chou *m* à la crème** : *eine Art Windbeutel.*

– Est-ce que vous avez des chaussons aux pommes[1] ?

– Je regrette, Monsieur, il n'y en a plus.

– Alors je voudrais une brioche.

– Voilà Monsieur ! Et avec ça ?

– C'est tout! Ça fait combien ?

– A ce moment là, Maman Ours crie :

– Petit Ours, attention avec ta crème ! Regarde mes chaussures[2] !

Papa Ours, Maman Ours et Petit Ours font la queue devant la caisse du métro. Maintenant c'est le tour de Papa Ours :

– Un carnet[3], s.v.p.

– Voilà ! Ça fait 9,60 euros.

Papa Ours paie avec un billet de 10 euros.

La dame de la caisse demande :

– Vous n'avez pas la monnaie[4] ?

– Non, je regrette[5]... Pour aller au Quartier Latin, c'est quelle direction ?

---

[1] **chausson** ***m*** **aux pommes** : eine Art Apfeltasche.
[2] **chaussures** ***f, pl*** : Schuhe. [3] **carnet** ***m*** : *hier* 10 Metrotickets. [4] **monnaie** ***f*** : Kleingeld. [5] **je regrette** : es tut mir Leid.

– Porte d'Orléans. Vous descendez à St. Michel. C'est direct.

Dans les couloirs du métro il y a beaucoup à voir. Un garçon joue de la trompette. Plus loin un autre joue de l'accordéon. Il y a aussi un Africain qui danse. Et un vieux monsieur qui vend des foulards[1] de toutes les couleurs : des rouges, des oranges, des jaunes, des verts, des bleus, des lilas et des violets. Petit Ours marche tout content, sa main dans la main de sa maman. Le métro arrive. Les portes s'ouvrent[2]. Les gens descendent. Les gens montent. Les portes se ferment[3]. Le métro part.

Papa Ours, Maman Ours et Petit Ours traversent le Pont St. Michel. Qu'est-ce que c'est grand la Seine ! Ils tournent à gauche. Des amoureux[4] s'embrassent[5] sous le Pont Neuf.

---

[1] **foulard** ***m*** : Kopftuch. [2] **s'ouvrent (s'ouvrir)** : gehen auf. [3] **se ferment (se fermer)** : gehen zu. [4] **amoureux** ***m, pl*** : Verliebte. [5] **s'embrassent (s'embrasser)** : küssen sich.

Papa Ours sourit à Maman Ours. Ils continuent leur chemin. Petit Ours, devant. Ils tournent à droite et puis encore à droite. Dans la rue Harley une vieille femme vend des œillets[1]. Elle en donne un rouge à Petit Ours. Il est doux. Il sent bon.

Ils continuent leur chemin[2]. Papa Ours et Maman Ours flânent dans les rues sans but[3].

Ils veulent[4] écouter, sentir, respirer la ville, avant de la visiter. Petit Ours marche derrière son papa et sa maman, le nez dans sa fleur.

---

[1] **œillet** ***m***: Nelke. [2] **chemin** ***m***: Weg. [3] **sans but:** ziellos. [4] **veulent (vouloir)**: wollen .

# Au restaurant

Papa Ours, Maman Ours et Petit Ours ont fait leur première promenade dans Paris et ils vont maintenant manger dans un petit restaurant qui n'est pas loin[1] de leur hôtel.

Ils entrent dans le restaurant. Hum ! Ça sent bon ! Un garçon les salue :

– Bonjour Messieurs dames. Vous êtes trois ?

– Oui.

Le garçon leur indique[2] une table près de la fenêtre :

– Ici, ça vous va ?

– Oui, c'est parfait.

Le garçon apporte[3] la carte et demande :

– Vous prenez un apéritif ?

Papa Ours commande:

– Moi, j'aimerais bien un Martini rouge.

---

[1] **pas loin de** : nicht weit von. [2] **indique (indiquer)** : deutet auf. [3] **apporte (apporter)** : bringt.

– Avec des glaçons[1] ?

– Non, sans.

Le garçon à Maman Ours :

– Et pour Madame ?

– Rien, merci.

Papa Ours et Maman Ours lisent[2] les menus.

Petit Ours trouve ça un peu ennuyeux[3]. Il bouge continuellement sur sa chaise. Et tout à coup, pof !, il renverse[4] le verre du petit monsieur moustachu assis à la table à côté.

Papa Ours se fâche et Maman Ours s'excuse immédiatement auprès du monsieur:

– Nous sommes vraiment désolés[5]...

– Ce n'est pas grave[6], chère Madame, c'est seulement un peu d'eau et avec cette chaleur c'est bien agréable, dit le monsieur avec un sourire charmant... Trop charmant pour Papa Ours ! Maintenant Maman Ours est rouge

---

[1] **glaçons** ***m, pl***: Eiswürfel. [2] **lisent (lire)**: lesen.
[3] **ennuyeux**: langweilig. [4] **renverser**: verschütten.
[5] **nous sommes vraiment désolés**: es tut uns sehr Leid.
[6] **Ce n'est pas grave**: Es ist nicht schlimm.

## Menu à 13 €

*Crudités*[1]
*ou*
*Pâté de campagne*

*Steak frites*
*ou*
*Poule au riz*[2]
*ou*
*Coq au vin*[3]

*Fruit*
*ou*
*Glace*

## Menu à 18 €

*Terrine du chef*
*ou*
*Asperges à la vinaigrette*

*Blanquette de veau*[4]
*ou*
*Gigot d'agneau*[5]
*ou*
*Entrecôte*

*Tarte*
*ou*
*Crème caramel*
*ou*
*Mousse au chocolat*

---

[1] **crudités** ***f, pl*****:** Salatplatte. [2] **riz** ***m*****:** Reis. [3] **coq** ***m*** **au vin :** Huhn in Rotweinsauce. [4] **blanquette** ***f*** **de veau :** Kalbsfrikassee. [5] **gigot** ***m*** **d'agneau :** Lammkeule.

jusqu'aux oreilles. Pour cacher[1] sa confusion elle continue à lire la carte à haute voix:

– Bon, alors... desserts... Tarte[2], Crème Caramel, Mousse au Chocolat...

Petit Ours écoute bien.

Tarte ! ... Crème Caramel ! ... Mousse au Chocolat ! ... Glace[3] ! ... Quelle musique pour les oreilles de Petit Ours.

Le garçon apporte l'apéritif de Papa Ours et demande :

– Vous avez choisi ?

Papa Ours répond :

– Oui. Nous prenons un menu à 13 et un menu à 18 euros.

Maman Ours veut savoir :

– Le petit peut avoir un steak haché à la place[4] d'un steak ?

– Bien sûr. Alors, deux menus à 13 € et un menu à 18 € ?

– C'est ça, dit Papa Ours.

---

[1] **cacher**: verstecken. [2] **tarte** *f*: Obstkuchen.
[3] **glace** *f*: Eis. [4] **à la place de**: statt.

Le garçon continue :

– Et après ?

– Un steak haché, un steak et une blanquette.

– Saignant[1], bien cuit[2] le steak ?

– A point[3].

– Et qu'est-ce que vous buvez[4] ?

Papa Ours commande une carafe de rouge d'un demi litre et une grande bouteille d'eau minérale.

Ils mangent et boivent avec plaisir.

Maman Ours à Papa Ours :

– Hum ! Elle est bonne cette blanquette. Tu veux goûter[5] ?

– Oui... C'est vrai, elle est délicieuse !

Et puis ils font des projets pour leurs vacances à Paris...

Plus tard le garçon demande :

– Ça vous a plu ?

---

[1] **saignant** : englisch *(Steak)*. [2] **bien cuit** : gut durchgebraten. [3] **à point** : medium *(Steak)*.
[4] **buvez (boire)** : trinken Sie. [5] **goûter** : probieren.

– Oui, c'était très bon, dit Maman Ours.

– Vous prenez un petit dessert ?

Quelle drôle de question, pense Petit Ours.

La glace de Petit Ours est une grande glace. Il y a plusieurs boules[1]: une rose, une marron, une orange, une jaune et une verte dans une coupe en argent. Petit Ours la mange avec délice[2] et goûte encore la tarte de son papa et la mousse au chocolat de sa maman. Petit Ours aime bien aller manger au restaurant.

Plus tard Papa Ours appelle le garçon pour payer :

– L'addition[3] et deux cafés, s.v.p.

Ils quittent le restaurant satisfaits et rentrent à l'hôtel à pied. Papa Ours prend Petit Ours sur son dos[4]. Petit Ours est si fatigué qu'il s'endort[5], le menton[6] sur la tête de son papa.

---

[1] **boule** *f*: Kugel. [2] **avec délice**: genussvoll.
[3] **addition** *f*: Rechnung. [4] **dos** *m*: Rücken.
[5] **s'endort (s'endormir)**: schläft ein. [6] **menton** *m*: Kinn.

C'est la fin de leur première journée dans la capitale. Cette nuit ils vont rêver de Paris. Papa Ours dans son grand lit, Maman Ours dans son lit moyen, et Petit Ours dans son tout petit lit.

Inhaltsverzeichnis

# Table des matières

# Plaisir de lire et de dire

# Dans le train de Paris

## A Vrai *(richtig)* ou faux *(falsch)* ? Cochez la bonne case

| | | VRAI | FAUX |
|---|---|---|---|
| a) | La famille Ours va à Paris. | ☒ | ☐ |
| b) | Une jeune dame entre dans le compartiment. | ☒ | ☐ |
| c) | La dame va aussi à Paris. | ☒ | ☐ |
| d) | Elle est française. | ☐ | ☒ |
| e) | La dame ne connait pas la Tour Eiffel. | ☐ | ☒ |

## B Répondez aux questions

a) Comment s'appelle la jeune dame ? Elle s'appelle Karin.

b) Elle est d'où ? Elle est d'Allemagne.

c) Elle habite où ? Elle habite à Paris.

d) Elle travaille où ? Elle travaille dans un bureau.

e) D'où vient la famille Ours ? La famille Ours vient d'Oursoirac.

## C Complétez avec le verbe *être*

suis ❶ es ❶ est ❶ sommes ❶ êtes ❶ sont

a) Elle est jolie.

b) C' est ici ?

c) Vous êtes parisienne ?

d) Je suis allemande.

e) Elle est triste.

f) Ce ne sont pas des Tours Eiffel.

## D Complétez avec les verbes de la liste au présent

demander ❶ habiter ❶ avoir ❶ parler
aimer ❶ regarder

a) Papa Ours demande : - Je peux vous aider ?

b) Petit Ours aime bien les bonbons.

c) J' habite à Paris.

d) Vous parlez très bien français.

e) La jeune femme a une grande valise.

f) Elle regarde un magazine.

## E Complétez avec le verbe *s'appeler*

m'appelle ❶ t'appelles ❶ s'appelle
vous appelez

a) Vous vous appelez comment ?

b) Je m'appelle Karin.

c) Tu t'appelles comment ?

d) Le chien de Monsieur Bonvin s'appelle Karim.

# Elle adore Paris

## A Vrai *(richtig)* ou faux *(falsch)* ? Cochez la bonne case

| | | VRAI | FAUX |
|---|---|---|---|
| a) | Karin parle très bien français. | ☒ | ☐ |
| b) | Le parfum de Karin s'appelle Café de Paris. | ☐ | ☒ |
| c) | La famille Ours habite à Oursoirac. | ☒ | ☐ |
| d) | Oursoirac est une grande ville. | ☐ | ☒ |
| e) | Il y a dix cafés à Oursoirac. | ☐ | ☒ |

## B *Un* ou *une* ? Complétez

a) un café
e) un parfum

b) une épicerie
f) une boulangerie

c) un village
g) une école

d) une boucherie
h) une ville

## C Jeu de l'intrus: Cochez le mot qui ne fait pas partie de la famille

a) rue | avenue | vacances | boulevard

b) un | quatre | oui | neuf | huit

c) boulangerie | école | boucherie | épicerie

d) cinéma | musée | valise | théâtre

e) petite | grande | moyenne | cinq

f) non | nom | identité | s'appeler

## D Retrouvez les 9 mots coupés

geschnitten

***exemple:***

| | | | |
|---|---|---|---|
| va | lise | ···········► | valise |

| | | | |
|---|---|---|---|
| bu | trine | ···········► | bureau |
| vi | sée | ···········► | vitrine |
| mu | cances | ···········► | musée |
| va | fum | ···········► | vacances |
| par | er | ···········► | parfum |
| parl | çais | ···········► | parler |
| fran | reau | ···········► | français |
| nu | méro | ···········► | numéro |

# Au café

## A Vrai *(richtig)* ou faux *(falsch)* ? Cochez la bonne case

| | | VRAI | FAUX |
|---|---|---|---|
| a) | Petit Ours a faim. | ☒ | ☐ |
| b) | Papa Ours prend un cognac. | ☐ | ☒ |
| c) | Petit Ours mange un croque-monsieur. | ☐ | ☒ |
| d) | Il y a des sandwichs et des croque-monsieur. | ☒ | ☐ |
| e) | Papa Ours ne laisse pas de pourboire. | ☐ | ☒ |

## B Répondez aux questions

a) Où est le café ? Le café est dans le hall de la gare.

b) Qu'est-ce que Papa Ours prend comme boisson ? Papa Ours prend un demi-pression.

c) Qu'est-ce qu'il y a à manger au café ? Il y a des sandwichs, des croque-monsieur et des croissants au café.

## C Complétez avec le verbe *avoir*

ai ❶ as ❶ a ❶ avons ❶ avez ❶ ont

a) J' ___ai___ faim.

b) Il y ___a___ une bonne odeur de café dans la salle.

c) Qu' est-ce que vous ___avez___ à manger ?

d) Nous ___avons___ des sandwichs.

e) Vous ___avez___ aussi des croissants ?

f) Les voyageurs ___ont___ des sacs et des valises.

## D Complétez avec le verbe *prendre*

prend ● prenez ● prends ● prends ● prennent

a) On prend quelque chose ?

b) Moi, je prends une bière.

c) Et toi, qu'est-ce que tu prends ?

d) Qu'est-ce que vous prenez ?

e) Maman Ours et Petit Ours prennent des croissants.

## E Qu'est-ce qu'il y a sur le plateau du garçon ? Complétez

a) des croissants

b) du sucre

c) des verres

d) des bouteilles

## F Complétez les formes des verbes

Les autres voyageurs arrivent ou partent.

Ils fument, ils lisent le journal, ils regardent les gens entrer ou sortir.

## G Comment dit-on en français ?

a) Ich nehme ein Bier vom Fass.

Je prends un demi-pression

b) Was trinkst du?

Qu'est-ce que tu bois?

c) Was gibt es zum Essen?

Qu'est-ce qu'il y a pour manger?

d) Ich habe Hunger.

J'ai faim.

e) Wieviel macht das?

Ça fait combien?

f) ein Trinkgeld

un pourboire

# A l'hôtel

## A Vrai *(richtig)* ou faux *(falsch)* ? Cochez la bonne case

| | VRAI | FAUX |
|---|---|---|
| a) Ils vont à l'hôtel en métro. | ☐ | ☒ |
| b) Ils ont réservé une chambre pour trois personnes. | ☒ | ☐ |
| c) Le petit-déjeuner est entre 6 et 9 heures. | ☐ | ☒ |
| d) La chambre est au quatrième étage. | ☒ | ☐ |

## B Le petit déjeuner. Complétez avec *du, de la, des*

Pour le petit déjeuner nous avons _du_ café au lait, _du_ thé, _du_ chocolat avec _du_ pain, _~~de la~~ du_ beurre, _de la_ confiture, _du_ miel et _des_ croissants.

## C Complétez avec le verbe *faire*

fais ❶ fais ❶ fait ❶ faisons ❶ faites ❶ font

a) Qu'est-ce que vous faites ?

b) Qu'est-ce qu'on fait ?

c) Ils font la queue devant la station de taxis.

d) Nous faisons un voyage à Paris.

e) Je fais une réservation à l'hôtel?

f) Tu fais un sandwich au fromage?

## D Comment dit-on en français?

a) Wir haben ein Zimmer reserviert.
Nous avons réservé une chambre.

b) Auf welchen Namen?
C'est à ~~Sur~~ quel nom?

c) Würden Sie bitte buchstabieren?
Vous pouvez épeler, s'il vous plaît?

# Où est la station de métro

## A Vrai *(richtig)* ou faux *(falsch)* ? Cochez la bonne case

| | VRAI | FAUX |
|---|---|---|
| a) Il y a une station de métro près de l'hôtel. | ☒ | ☐ |
| b) La station de métro est en face du café. | ☐ | ☒ |
| c) La famille Ours entre à la boulangerie-pâtisserie. | ☒ | ☐ |
| d) Papa Ours paye le carnet avec des pièces. | ☐ | ☒ |
| e) Papa Ours a la monnaie. | ☐ | ☒ |
| f) Un Allemand danse dans le métro. | ☐ | ☒ |
| g) Ils descendent à la station Château d'Eau. | ☐ | ☒ |

## B Complétez avec le verbe *aller*

vais • vas • va • allons

allez • aller

a) Comment on y ___va___ ?

b) Vous ___allez___ tout droit.

c) Pour ___aller___ à la gare de l'Est, s'il vous plaît ?

d) Tu ___vas___ au bureau en métro ?

e) Nous ___allons___ en vacances en France.

f) Je ___vais___ flâner dans les rues du Quartier Latin.

## C Jeu de l'intrus: Cochez le mot qui ne fait pas partie de la famille

a) rue | boulevard | avenue | ~~métro~~

b) rouge | ~~œillet~~ | orange | jaune

c) accordéon | trompette | ~~couloir~~ | saxophone

d) ~~s'embrasser~~ | monter | descendre | traverser

e) carnet | ticket | billet | ~~couleur~~

## D Comment dit-on en français ?

a) Ist eine U-Bahn-Station in der Nähe?

~~Est~~-ce une station de métro près d'ici?
Il y a

b) Wie komme ich zum Bahnhof?

Comment je vais à la gare?

c) Nehmen Sie die U-Bahn Richtung Porte de Clignancourt.

Vous prenez le métro pour Porte de Clignancourt.

d) Sie brauchen nicht umzusteigen.

C'est direct.

# Au restaurant

## A Vrai *(richtig)* ou faux *(falsch)* ? Cochez la bonne case

| | | VRAI | FAUX |
|---|---|---|---|
| a) | Il y a encore une table pour 3 personnes. | ☒ | ☐ |
| b) | Maman Ours prend un apéritif. | ☐ | ☒ |
| c) | Papa Ours prend une entrecôte saignante. | ☐ | ☒ |
| d) | Petit Ours mange seulement *(nur)* des desserts. | ☐ | ☒ |
| e) | Ils rentrent à l'hôtel en taxi. | ☐ | ☒ |

## B Remettez les phrases dans l'ordre

a) Non, je prends le menu à 18 € .

b) Tu prends un apéritif ?

c) L'addition et deux cafés, s.v.p.

d) Non merci, pas de dessert !

e) Oui, j'aimerais bien un Martini avec des glaçons.

f) Tu prends le menu à 13 € ?

g) Vous prenez un dessert ?

b – e – f – a – g – d – c

Eindringling

## C Jeu de l'intrus: Cochez le mot qui ne fait pas partie de la famille

a) agneau | veau | steak | fruit

b) tarte | vinaigrette | crème caramel | mousse au chocolat

c) bière | eau minérale | vin | pain

d) bon | avec délice | délicieux | bien cuit

e) pourboire | payer | glace | addition

## D Comment dit-on en français ?

a) Wir haben einen Tisch reserviert.

Nous avons réservé une table.

b) Kann ich Pommes statt Salat haben?

Puis-je avoir des frites à la place de la salade?

c) Es ist sehr gut.

C'est très bien bon.

d) Die Rechnung, bitte!

L'addition, s'il vous plaît.

# Solutions

## Dans le train

A a) vrai, b) vrai, c) vrai, d) faux, e) faux

B a) Elle s'appelle Karin, b) Elle est d'Allemagne, de Munich, c) Elle habite à Paris, d) Elle travaille dans un bureau, e) La famille Ours vient d'Oursoirac

C a) est, b) est, c) êtes, d) suis, e) est, f) sont

D a) demande, b) aime, c) habite, d) parlez, e) a, f) regarde

E a) vous appelez, b) m'appelle, c) t'appelles, d) s'appelle

## Elle adore Paris

A a) vrai, b) faux, c) vrai, d) faux, e) faux

B a, c, e, = un; b, d, f, g, h, = une

C a) vacances, b) oui, c) école, d) valise, e) cinq; f) non

D 1. bureau, 2. vitrine, 3. musée, 4. vacances, 5. parfum, 6. parler, 7. français, 8. numéro

## Au café

**A** a) vrai, b) faux, c) faux, d) vrai, e) faux

**B** a) Le café est à la gare.
b) Papa Ours prend un demi-pression.
c) Il y a des sandwichs.

**C** a) ai, b) a, c) avez, d) avons, e) avez, f) ont

**D** a) prend, b) prends, c) prends, d) prenez,
e) prennent

**E** a) des croissants, b) du sucre, c) des verres,
d) des bouteilles

**F** arrivent, partent, fument, lisent regardent

**G** a) Je prends une bière pression.
b) Qu'est-ce que tu prends?
c) Qu'est-ce que vous avez à manger?
d) J'ai faim.
e) Je vous dois combien?
f) un pourboire

## A l'hôtel

**A** a) faux, b) vrai, c) faux, d) vrai

**B** du café, du thé, du chocolat, du pain, du beurre, de la confiture, du miel, des croissants

**C** a) faites, b) fait, c) font, d) faisons, e) fais, f) fais

**D** a) On a réservé une chambre. / Nous avons réservé une chambre.
b) A quel nom?
c) Vous pouvez épeler, s'il vous plaît?

## Où est la station de métro?

**A** a) vrai, b) faux, c) vrai, d) faux, e) faux, f) faux, g) faux

**B** a) va; b) allez, c) aller, d) vas, e) allons, f) vais

**C** a) métro, b) œillet, c) couloir, d) s'embrasser, e) couleur

**D** a) Il y a une station de métro près d'ici?
b) Pour aller à la gare, s.v.p.?
c) Vous prenez le métro direction Porte de Clignancourt.
d) C'est direct.

## Au restaurant

**A** a) vrai, b) faux, c) faux, d) faux, e) faux

**B** b), e), f), a), g), d), c)

**C** a) fruit, b) vinaigrette, c) pain, d) bien cuit, e) glace

**D** a) On a réservé une table. / Nous avons réservé une table.
b) Je peux avoir des frites à la place de la salade?
c) C'est délicieux/ très bon.
d) L'addition, s'il vous plaît!

## Activités en classe

## Dans le train / Elle adore Paris

1 Présentez-vous.
2 Présentez une personne du groupe.
3 Qu'est-ce que vous aimez faire ?
4 Mimez :
grand; petit; triste; heureux; Il fait chaud; Il lit le journal; Tiens !; Je me débrouille; Il regarde par la fenêtre; J'adore Paris !; Prendre un verre; Flâner dans les rues; Aller au théâtre.
in Ordnung bringen
5 Décrivez Karin.
6 Comptez de vingt à zéro.
7 Jouez la scène avec Papa Ours, Maman Ours, Petit Ours et Karin dans le train.

## Au café

1 Mimez :
déçu; fasciné; Le chocolat sent bon !; entrer; sortir; arriver; partir; fumer; lire; regarder; manger; compter; parler; appeler le garçon; rire; se fâcher; payer; appuyer;
drücken
2 Jouez la scène avec Papa Ours, Maman Ours, Petit Ours, le garçon acrobate et les autres voyageurs.
3 Lisez ces nombres : 18; 25; 33; 11; 7; 57; 66; 42;

dix-huit
vingt-cinq
trente-trois
onze
sept
cinquante-sept
soixante-six
quarante-deux

## A l'hôtel

1 Mimez les phrases suivantes :
Nous avons réservé une chambre pour deux personnes pour une nuit.
Il a un grand nez et de grandes oreilles.
A quelle heure est le petit déjeuner ?
Où est la salle à manger ?
2 Jouez la scène du taxi, puis de l'hôtel.

## Où est la station de métro?

1 Mimez :
Ils ont défait leur valise; Vous traversez la rue;
Vous continuez tout droit jusqu'au boulevard;
Elle n'entend pas; C'est tout. Ça fait combien ?;
Il joue du saxophone; Il joue de l'accordéon;
Il joue de la guitare; Il chante; Il danse.
2 Jouez la scène dans la boulangerie-pâtisserie.
3 Jouez la scène dans le métro.

## Au restaurant

1 Quels fruits et légumes et autres aliments connaissez-vous ?
2 Qu'est-ce que vous aimez manger ?
3 Mimez :
Un steak saignant; une glace; l'addition.
4 Jouez la scène du restaurant.